AF657118

अटक गई नींद
(कविताएँ)

अटक गई नींद

राकेश मिश्र

राधाकृष्ण प्रकाशन

ISBN : 978-81-8361-910-3

अटक गई नींद

© राधाकृष्ण प्रकाशन प्रा.लि.

पहला संस्करण : जनवरी 2019
चौथा संस्करण : जनवरी 2022

मूल्य : ₹395

प्रकाशक
राधाकृष्ण प्रकाशन प्राइवेट लिमिटेड
जी–17, जगतपुरी, दिल्ली–110 051

शाखाएँ : अशोक राजपथ, साइंस कॉलेज के सामने, पटना–800 006
पहली मंज़िल, दरबारी बिल्डिंग, महात्मा गांधी मार्ग, प्रयागराज–211 001
36 ए, शेक्सपियर सरणी, कोलकाता–700 017

वेबसाइट : www.radhakrishnaprakashan.com
ई–मेल : info@radhakrishnaprakashan.com

मुद्रक : बी.के. ऑफसेट
नवीन शाहदरा, दिल्ली–110 032

ATAK GAYI NIND
Poems by Rakesh Mishra

इस पुस्तक के सर्वाधिकार सुरक्षित हैं। प्रकाशक की लिखित अनुमति के बिना इसके किसी भी अंश की, फोटोकॉपी एवं रिकॉर्डिंग सहित इलेक्ट्रॉनिक अथवा मशीनी, किसी भी माध्यम से अथवा ज्ञान के संग्रहण एवं पुन:प्रयोग की प्रणाली द्वारा, किसी भी रूप में, पुनरुत्पादित अथवा संचारित–प्रसारित नहीं किया जा सकता।

चिर-सहचरी

रानी को

पुरोवाक्

कविता मानवीय मनोविकार के परिमार्जन का सबसे बड़ा साधन है। वह मानवीय चेतना का उन्नयन करके उसे लोकमन अथवा जनसामान्य से जोड़ती है। कवि अपने जीवनानुभवों को काव्यानुभव में रूपायित करके स्वयं को जीवन और जगत के वृहत्तर सन्दर्भों से जोड़ता है। चूँकि कविता मनुष्य की सबसे आदिम उपलब्धियों में से एक है अत: उसका महत्त्व यथावत बना रहेगा। आचार्य रामचन्द्र शुक्ल ने अपने विश्व प्रसिद्ध निबन्ध 'कविता क्या है?' में ठीक ही लिखा है कि 'सभ्यता की वृद्धि के साथ-साथ ज्यों-ज्यों मनुष्यों के व्यापार बहुरूपी और जटिल होते गए त्यों-त्यों उसके मूल रूप आच्छन्न होते गए। भावों के आदिम और सीधे लक्ष्यों के अतिरिक्त और लक्ष्यों की स्थापना होती गई, वासनाजन्य मूल व्यापारों के सिवा बुद्धि द्वारा निश्चित व्यापारों का विधान बढ़ता गया।' कहने का आशय यह है कि मनुष्य ने सभ्यता के विकास में जो उपलब्धियाँ अर्जित की हैं उनसे उसके मूलभूत मनोभावों पर आवरण पड़ता गया है। प्रेम मनुष्य का अत्यन्त आदिम तथा उदात्त मनोभाव है। वह मनुष्य को बेहतर मनुष्य बनाता है। यही कारण है कि प्रेम कवियों का प्रिय विषय रहा है। हिन्दी साहित्य में तो समूचा सूफीकाव्य प्रेमाख्यान के रूप में ही लिखा गया है। इस दृष्टि से आधुनिक काल की हिन्दी कविता भी अतिशय समृद्ध है। उसमें प्रेम के अत्यन्त उदात्त और मार्मिक रूप का चित्रण मिलता है।

समकालीन हिन्दी कविता में भी प्रचुर मात्रा में प्रेम कविताएँ लिखी जा रही हैं। प्रेम अपने समूचे भाव-वैभव तथा वैविध्य के साथ उसमें रूपायित हो रहा है। ऐसे आपाधापी वाले परिवेश में 'अटक गई नींद' शीर्षक से कवि राकेश मिश्र की प्रेम कविताएँ प्रकाशित हो रही हैं। ये कविताएँ प्रेम जैसे

अत्यन्त कोमल और एकान्तिक मनोभाव को एक नये तेवर और मुहावरे के साथ प्रस्तुत करती हैं। कवि प्रेम के चित्रण में भी व्यापक सामाजिक और जागतिक सन्दर्भों की अनदेखी नहीं करता बल्कि जीवन और जगत के वृहत्तर सन्दर्भों की सापेक्षता में उसे विशिष्ट भाव-भंगिमा और तेवर प्रदान करता है। मिश्रजी ने इस संकलन की एक सौ तीन कविताओं में प्रेम के उतने ही रूपों को प्रस्तुत किया है। यहाँ हर कविता एक निश्चित सन्दर्भ में पूर्ण है। वह कवि के प्रेम सम्बन्धी चिन्तन का मूर्तिमान रूप है। इस संकलन की एक कविता 'चाहत' शीर्षक से है जिसमें वह लिखता है कि—'बहुत चाहता हूँ/मैं/ तुमको/ पर/ देखो/ जब मैं बहुत चाहता हूँ/ तुमको/ तब ज़िन्दगी/ ज़िन्दगी नहीं रहती।' इस तरह कवि की चाहत उसके व्यक्तित्वान्तरण का कारण बन जाती है। हमारा कवि प्रेम को अपने अनुभव और चिन्तन से परिपुष्ट करके परिभाषित भी करता है। वह लिखता है कि 'प्रेम/ चरमोत्कर्ष है/ असमस्त बिन्दुओं के बीच/ प्रेम एक अनवरत मौन है/ समस्त वासना संवादों के बीच/ प्रेम आत्यन्तिक विद्रोह है/ रोम-रोम का/ समस्त जड़ता के बीच/ प्रेम एक विश्वास है सब कुछ पास होने का/ समस्त अकिंचनता के बीच/ प्रेम एक शान्त मृत्यु है/ समस्त जिजीविषा के बीच। प्रेम एक नियति है/ गिर पड़ने की/ गहनतम अन्धकूप में'। इस तरह मिश्रजी प्रेम के अनेक पक्षों पर दार्शनिक की तरह चिन्तन करते हुए उसे अर्थव्याप्ति प्रदान करते हैं। प्रेम की नाना रूपात्मक छवियों का एक कोलाज़ तैयार करते हैं।

प्रस्तुत संकलन की कविताएँ प्रेम को अनुभव के दायरे से निकालकर बौद्धिक मीमांसा की ओर ले जाती हैं। यह कवि की अपनी निजी उपलब्धि है। कवि की प्रेम कविताएँ केवल उसके प्रेमास्पद तक परिमित नहीं है अपितु उसमें प्रकृति और मनुष्यता के साथ रागात्मक अनुबन्ध भी समाहित है। वर्तमान समय में वेलेंटाइन डे मनाने वालों को प्रेम के सच्चे स्वरूप का बोध इन कविताओं द्वारा हो सकता है। यह इस बात का प्रमाण है कि हमारा कवि अपने कवि कर्म के प्रति सजग है। वह गहरे दायित्वबोध का कवि है। कविता अपनी सामाजिक सम्पृक्ति और लोकधर्मिता के कारण ही बड़ी बनती है। इस संकलन की एक महत्त्वपूर्ण कविता 'मुझमें हो तुम' शीर्षक से है जिसमें कवि लिखता है कि—

कहीं मुझमें ही हो तुम
शारदीय नदी के जल में
उगते सूरज की तरह
किताबों के पन्नों में
छिपी सार्थक बातों की तरह
कहीं मुझमें ही हो तुम।
सूने कैनवास पर
उभरने वाले रंगों की तरह
कहीं मुझमें ही हो तुम।

इस तरह अपने प्रेमास्पद के प्रति कवि की यह आन्तरिक संलग्नता पाठक को प्रभावित करती है। वह अपने काव्य कौशल के सहारे बड़ी सटीक और सूक्ष्म अन्तर्वृत्तियों का चित्रांकन करता है। प्रस्तुत संकलन का महत्त्व इस दृष्टि से भी है कि इसके द्वारा पाठक को भावनात्मक पोषण प्राप्त होता है। वह बुद्धि तथा भावना के सन्तुलन को साधता है। इस संकलन की भाषा अपनी अभिव्यंजना में बेहद सटीक और परिपक्व है। इसमें किसी तरह का छद्म नहीं है। वह अपनी सहजता से भी पाठक को मुग्ध करती है। मुझे पूर्ण विश्वास है कि हिन्दी जगत इस संकलन का खुले हृदय से स्वागत करेगा।

–डॉ.करुणाशंकर उपाध्याय
प्रोफेसर एवं अध्यक्ष, हिन्दी विभाग
मुम्बई विश्वविद्यालय
मुम्बई 400 098

आत्म निवेदन

प्रस्तुत कविताएँ विगत तीस वर्षों की समयावधि में लिखी गई हैं। जब लिखना शुरू किया तब यह मन में नहीं आया कि छपना पड़ेगा तथा सभी लोग पढ़ेंगे। ग्रामीण परिवेश एवं पृष्ठभूमि, आसपास का वातावरण और मेरी संवेदनशील प्रकृति ने मुझमें बचपन से ही एक ऐसी कीमिया तैयार किया कि किशोर वय तक आते-आते मुझे अनसुलझे भावों ने जकड़ना शुरू कर दिया, जो कि सन् 1983-84 तक अवसाद में परिवर्तित हो गया। पढ़ाई-लिखाई सब चौपट हो गई। समाज एवं परिचय से भागता हुआ मैं लगभग एकाकी हो गया। बाद में व्यावसायिक परामर्श एवं स्वाध्याय से अवसाद को जानने-समझने की प्रक्रिया में मन के अन्दर की भाव-तरंगों को पहचानने लगा। कविता का आत्मज्ञान एक बार छोटे भाई संजीव मिश्र द्वारा 'नन्दन' पत्रिका में तसवीर पर कविता लिखने की प्रतियोगिता में मेरे द्वारा सुझाई गई पंक्ति पर मिली सराहना तथा छात्र आन्दोलनों के लिए लिखे गये नारों से हुआ। 1988-90 के दौरान यह आत्मबोध बार-बार आने लगा कि मैं लिख सकता हूँ। तब तक प्रतियोगी परीक्षाओं में असफलताओं का दौर शुरू हो चुका था। लेखन-अभ्यास हेतु रफ कॉपियों के एक हिस्से में लिखी कविताओं को मेजपोश के नीचे रख देता तथा वर्षान्त में डायरी में साफ-साफ उतार लेता। मेरा कविता लेखन का एकाध मित्रों को ही पता था। प्रशासनिक सेवा में आने के बाद इसकी चर्चा का अवसर नहीं मिला तथा संकोच भी था। जनपद इटावा में 2001 की तैनाती के दौरान गुरुवर डॉ. विद्याकान्त तिवारी को अपनी डायरियाँ ससंकोच दिखाईं तो 'शब्दगात' के प्रकाशन की पृष्ठभूमि बनी। फिर कुछ खास नहीं हो पाया। हाँ, कविता के पठन-पाठन की वास्तविकता से परिचय हुआ तथा एक निराशा तथा अनजानेपन का भाव प्रकट हो गया।

लिखने के प्रति उत्साह लगभग खत्म हो गया, ऐसा लगा जैसे सब सूख गया। फिर 3-4 वर्षों तक कुछ भी नहीं लिखा और फिर लिखा तो वर्ष में 4-5 कविताओं से ज्यादा नहीं। यह क्रम 2017-18 तक चलता रहा।

प्रस्तुत संकलन में मुख्य रूप से मेरी प्रेम कविताएँ है। प्रेम मेरे जीवन के सर्वाधिक स्पष्ट रूप से मुखरित एवं संज्ञानित भावों में से एक है, जिसकी गहनता एवं विस्तार मुझे आज भी चमत्कृत करता है। प्रेम मेरे साथ सतत् घटने वाली घटना है, जो एक भाव के रूप में कभी भी मुझसे ज़्यादा दूर नहीं गया। जीवन के सुख एवं दुख के महत्त्वपूर्ण स्रोत के रूप में प्रेम को व्यक्त करने की कोशिश, मैं उसके प्रकटीकरण के क्रम में करता रहूँगा।

अपनी काव्य यात्रा में मार्गदर्शन एवं सहयोग के लिए गुरुवर डॉ. विद्याकान्त तिवारी, मित्र श्री सुधीर मिश्र, स्व. डॉ. योगेन्द्र सिंह, स्व. पं. धर्मनारायण त्रिपाठी और स्व. डॉ. लक्ष्मीपति वर्मा का आभारी हूँ।

वर्तमान कृति हेतु परमादरणीय गुरुवर डॉ. करुणाशंकर उपाध्याय द्वारा अपनी व्यस्ततम दिनचर्या से समय निकालकर लिखी गई समीक्षात्मक टिप्पणी मेरी कृति की सर्वाधिक मूल्यवान निधि एवं विमर्श है जिसका आभार व्यक्त करने के लिए मेरे पास शब्द नहीं है। मैं आजीवन आभारी रहूँगा।

–राकेश मिश्र

अनुक्रम

अटक गई नींद

ज़िन्दगी

जैसी है
वैसी ज़िन्दगी
जैसी है
वैसी सड़क
दोनों साथ चलें।

जैसे हैं
वैसे शब्द
जैसे हैं
वैसे अर्थ
दोनों कुछ कहें।

जैसी है
वैसी साँस
जैसी है
वैसी दूरी
दोनों प्रण करें।

जैसा है
वैसा वह
जैसा है
वैसा यह

दोनों बात करें।

जैसा है
वैसा आकर्षण
जैसा है
वैसा समर्पण
दोनों बाँह गहें।

जीना है

जीना है
उसके लिए
जिससे ज़िन्दगी अच्छी लगती है
जीना है
उसके लिए भी
जिस बिन
ज़िन्दगी नहीं है।

एक दूसरे में

एक दूसरे की उँगलियों में
उँगलियाँ
मिलाकर हम चलेंगे
रास्ते में
भीड़ में
रास्ते बनाएँगे
साथ–साथ
बदलती रातों के रंग से
रंग
ज़िन्दगी के
भटका न दें कहीं
देखते–देखते
ज़िन्दगी
डरें न कहीं हम
पंजे बनाएँगे
अपनी
उँगलियों से हम
नहीं बरसेंगे आषाढ़
उन सालों से भी
बहुत काम आएगी
हमारी उँगलियाँ
महकेगी जब भोर

फागुनी हवाओं संग
तोरणद्वार बनाएँगे हम
उँगलियों में डाले

उँगलियाँ।

सागर लहरें

सागर की लहरों से बुनी है
शैया मेरी
तारों की तपन से
ऊष्मित हैं
सपने मेरे।

वो स्त्री

वो स्त्री
सूखी नहर की घनी हरियाली में
खेलती है
लुका-छिपी
अपने बच्चे से
वो स्त्री
पार करती है
बरसात की धवल शाम
आम के बाग़ों में
शुभ्रपीत-नवोढ़ा मिट्टी पर छोड़ती
पग-चिह्न
वो स्त्री
लौटती है
सँभाले कुछ
नवजात रक्त-बूँदें
बाँहों पर
गन्नों की पत्तियों से गुँथी
पगडंडियों के पार हैं
खेत
उस स्त्री के।

वह लड़की

वह लड़की
एक तस्वीर है
चौकोर त्रासदी की
एक लहर है
अनवरत तरंगित
समन्दर की
ठहर कर भी
अद्‌भुत
समन्दर की कोख सी।

आसमान

बाल्टी भर
आसमान
कजरी गाय के दूध में
नम करके
बोना चाहता हूँ
सोचता हूँ
अपने आँगन में
आसमान उगाऊँ।

चाहत

बहुत चाहता हूँ
मैं
तुमको
पर
देखो—
जब मैं बहुत चाहता हूँ
तुमको
तब ज़िन्दगी
ज़िन्दगी नहीं रहती।

स्वप्न

सूरज को बाँहों में
समेटने की ग़लती
कई बार की है मैंने
सपनों में
अस्थि-शेष हैं
बाँहें मेरी
रातों में
जीवित सूर्य उतरता है
अनवरत
सपनों में
भस्म-शेष हैं
आँखें मेरी
दिन में
अनावृत्त सूर्य
फैल जाता है
पैरों के बीच
वरण-शेष हैं स्वप्न मेरे।

नर्म त्वचा

रोपे हैं
कुछ हरे-हरे नर्म त्वचा
शीशम
कटीली बाड़ों से सटे
मैंने।

जीभ

मैं पी लेता हूँ
सूरज की किरणें
चाँदनी का भ्रम बनाकर
पर चाँद ख़ुद एक द्वन्द्व है
आँखों और मुँह के बीच
मेरी जीभ
जब छूना चाहती है
अपनी आँखें
तब स्वयं चाँद उतर आता है
मुझमें।

कभी ऐसा हो

कभी ऐसा हो
कि
तुम्हें तरेरनी हो आँखें
पर तुम सीधा देखो

कभी ऐसा हो
कि तुम्हें सताना हो मुझको
पर तुम मान जाओ

काश! कभी तो ऐसा हो
कि कुछ सिखाना हो तुम्हें
पर तुम बाज़ आओ
कभी तो ऐसा हो।

आँखें

एक नदी हैं
मेरी आँखें
जिसके तटों को
छू-छू के रह जाती है
तुम्हारी पलकों की नाव।

अन्त में

तुम्हारी यादों की चूड़ियों पर
कस जाया करता हूँ मैं
हालाँकि समय ने पोत दी है
एक महीन परत ज़ंग की
अब कस कर एक बार
उतर नहीं पाता
तुम्हारी यादें
मेरे मन में
एक साफ़ काग़ज़ पर
काले छिद्रों की तरह
द्वीप बनाये हैं
मैं बहुत तैरना जान गया हूँ
फिर भी
द्वीप ही मेरे किनारे हैं
अब भी मेरे हाथ
अगरबत्तियों से जल जाते हैं
अब भी मेरी आँखें
सड़कों पर घूमते-घूमते
सहसा ठहर कर
सोचने लगती हैं
जब तक ज़ेबें हैं
निशान छिपाए जाएँगे

उन असंख्य अभ्यर्थनाओं के
मैंने सुना है
खुल जाती हैं
हथेलियाँ
अन्त में।

प्रेम

प्रेम
चरमोत्कर्ष है
असमस्त ञिन्दुओं के बीच

प्रेम
एक अनवरत मौन है
समस्त वासना संवादों के बीच

प्रेम
आत्यान्तिक विद्रोह है
रोम-रोम का
समस्त जड़ता के बीच

प्रेम
एक विश्वास है सब कुछ पास होने का
समस्त अकिंचनता के बीच

प्रेम
एक शान्त मृत्यु है
समस्त जिजीविषा के बीच

प्रेम

एक नियति है
गिर पड़ने की
गहनतम अन्धकूप में।

हवा

हवा में
ढेर सारी नमी बिखेरती हैं
तुम्हारी अश्रुपूरित आँखें।

चलते रहे रात भर

रात भर चलते रहे
हल
स्याह बंजरों में
मन के
बैलों की पैजनियाँ
खनकती रही
खन्-खन्
झन्-झन्
रात भर
उगा
बहुत कुछ
भूरी मिट्टी
मन की
चिपक ली
सुरसुरी हवा से
रात भर
मेड़ों पर
सीमान्त
टहलते रहे
तुम।

कृष्ण विवर

एक कृष्ण विवर है
मेरा अकेलापन
तेरा अकेलापन
झोंककर जिसमें
मैं
अपनी स्याही
अपने पृष्ठ
तुम
तुम्हारा रंग
तुम्हारी गन्ध
और अकेले हो गए।

कितना बुना
जाल अकेलापन
तुमने–मैंने
अपनी आँखों की डोरों से
झोंककर जिसमें
तुम
तेरे कंगन
तेरे गीत
मैं
मेरी मांसपेशियाँ

मेरे अस्त्र
निकल नहीं पाए।

कितना उलझा है
मौन अकेलापन
झोंककर जिसमें
मैं
मेरी वाचालता
मेरा विमर्श
तुम
तेरी कोमलता
तेरा स्पर्श
सुलझा नहीं पाए।

तस्वीर

एक तस्वीर है
उसकी हँसी
खिंचती रहती है
अनन्त आवृत्तियों में
मुझमें।

मौन

एक मैदानी नदी हैं
उसकी आँखें
हाहाकार कर उठती हैं
बादलों को देख
अन्यथा
मौन कलरव हैं
रेतीले तटों में।

आसमान

थोड़ा-सा आसमान
अपने हिस्से का
थोड़ी-सी जगह
साफ़
ख़रीद कर
नटखट हवाओं की आवारा लयों पर
लड़खड़ाते
हम मिलेंगे
मैं
आधा देह
तुम
आधी आत्मा।

पलकें

उसकी पलकों से
बँधे हैं
मेरे शत-शत
अस्तित्व।

तुम्हारा प्रेम

तुम्हारा प्रेम
उस सिक्कों की तरह है
जिन्हें भरकर नन्हीं मुट्ठियों में
मेरा बचपन और मैं
घर के बग़ल में ही
काजी हाउस में छिप गए थे
तब बहुत मुश्किल से मैं
लौटा था घर
क्योंकि काजी हाउस के अँधेरे कमरे में
मैं
हर परिचय के ख़िलाफ़ छिपा था
तब मैंने चाहा था
सौंप देना
अपनी दुखती हथेलियाँ
आसमान को
तुम्हें देखते ही
मेरी हथेलियों में भिंचे हुए
उन्हीं सिक्कों के
आड़े-तिरछे निशान उभर आते हैं
तब कई दिनों तक
किसी के सामने
नहीं खोलता हूँ

अपने हाथ
और न ही देखता हूँ
तुम्हें
कई दिनों तक।

तस्वीर

मैं अलग करना चाहता हूँ
एक लड़की की तस्वीर
ख़बरों के बीच से
उठाकर
क़िताब के बीच कहीं
रखना चाहता हूँ
पर मैं
काट नहीं पाता
एक चौकोर तस्वीर
लड़की की
एक बार उठकर
कैंची
विश्वस्त नहीं छोड़ती
किनारों पर
फिर ख़बरों से निकली
चौकोर लड़की
गोल होने लगती है
यह सत्य है
वही लड़की
कुछ चौकोर
कुछ गोल
क़िताबों में छिपाई होगी
मैंने आँखें मूँदकर

फिर भी
खुली आँखों से
कहीं खो जाती है
लड़की
ख़बर हो जाती है
क़िताब में।

याद

एक सरल हस्ताक्षर है
तुम्हारी याद
मेरी साँसों पर
ताम्बई स्याही में लिपटी
नक़ल करके जिसकी
साँसों के हाशिये पर
अक्सर
मैं तुम्हें छू लेता हूँ।

मजनू

बहुत दूर तक गया
उसकी गली में
पर किसी ने मुझे
पत्थर नहीं मारा
मैं लौट आया

एक असफल मजनू।

हम-तुम

दो बिजली के
अलग-अलग
तारों पर
बैठे हुए
बया हैं
हम-तुम
जब छू लाएँ।

प्यार

क्या होता है
प्यार?
मुझे तो सिर्फ़ इतना-सा लगता है
बार-बार
आख़िर क्यों
दूर ही रहता
बस एक
भोला नमस्कार!

तुम्हारी आँखें

एक लोहार की भाँथी हैं
तुम्हारी आँखें
ढलकर जिसमें
काली तलवारें
बिछ जाती हैं
मेरे रास्तों में
सपने
नापती हैं
तुम्हारी आँखें
दूरियाँ
मेरे क़दम
एक नागा की धूनी हैं
तुम्हारी आँखें
तपते हैं जिसमें
कुछ अहसास
मिट्टी के
पहुँचने की ज़िद में
जिनके पास
मैं घिर जाता हूँ
पिछले आवाज़ों से
शब्द झाँकते हैं

तुम्हारी आँखों में
पन्नों से हैं अटके
मेरे हाथ।

ख़ुशियाँ

तुम्हें देखा तो
लगा
कैसे
कैसे
सामना किया जाता है
ख़ुशियों का।

तेरे–मेरे

तेरे–मेरे
दृष्टि बिन्दुओं से बँधी अरगनी पर
फैली है
सारी–सृष्टि
ऐंठती जाती है
मुझे
परत–दर–परत
तुम्हारी घूमती दृष्टि
सरलता है
तुम्हारी बेल बूटी छाँव की
मेरी नीची दृष्टि बिन्दु पर
एक बार देखो
मेरी ओर
सृष्टि के पार
दृष्टि
सहज जिऊँ
मैं।

हम–तुम

दो प्रतीक हैं
हम–तुम
खिंचे दीवालों पर आँधियों के
उड़ जाने को
दो रुपहले सूत हैं
तने विकर्णों पर
साधते दिशा–पृष्ठ
हम–तुम
दो बूँद पारदर्शी तरलता हैं
चले आसमानों से
थामते रक्त ताप
हम–तुम दो शब्दगात हैं
उपजे शुरू से
बनते गीत होंठों पर
हम–तुम
दो बिन्दु हैं शाश्वत
जड़े धरती की अतल गहराइयों में
परिभाषित करते
समस्त दूरियाँ
दो दूब पंक्ति हैं
हम–तुम
सफ़ेद पगडंडियों के समानान्तर

सुनते-सुनाते लोक-कथाएँ
गलबहियाँ डाले
उर्वर थकान
प्रेम-कर्तव्य-मृत्यु के त्रिवर्ग में
दो वर्ग हैं
हम-तुम
तलाशते तीसरा अधूरापन
कहीं भी अचानक।

चाहत के जंगल

रात भर
झुलसने पर भी
सुबह की पहली किरण से
फिर
हरे हो जाते हैं
चाहत के जंगल
लुभावने
हरे-भरे।

मन के तार

झनक उठते हैं मन के तार
जब कभी
पराये सुरों पर
मैं तैयार होने लगता हूँ
स्वागत के लिए
अपने आँगन में
एक उदास बारात का।

धूप-छाँव

जैसे बने धूप-छाँव
जैसे बने शहर-गाँव
वैसे बने हम-तुम
वैसे बने हम-तुम

जैसे बने फूल-पात
जैसे बने दिन-रात
वैसे बनी धड़कन
वैसे बनी धड़कन

जैसे बनी रीति-नीति
जैसे बनी मृग-मरीची
वैसे बनी भटकन
वैसे बनी भटकन

जैसे मिले दर्द-शूल
जैसे मिले बूँद-धूल
वैसे मिले हम-तुम
वैसे मिले हम-तुम।

होंठ

दो अमृत कलश हैं
तुम्हारी आँखों में
छलकते होंठों के द्वार पर
सब अमृत दृश्य तेरे।

मैं जानता हूँ

मैं जानता हूँ
अजनबी नहीं हैं
तुम्हारे स्वर
पर ज़रा-सा डरता हूँ
कहीं देते ही कान
तुम चुप न हो जाओ

मैं जानता हूँ
तुम रुकोगे ज़रूर
पर डरता हूँ ज़रा-सा
कहीं मेरे रुख़ करते ही
तुम चल न दो

मैं जानता हूँ
हवा में है
तुम्हारी सुगन्ध
पर डरता हूँ ज़रा-सा
कहीं मेरी मुट्ठी में आते ही
तुम उड़ न जाओ।

तुम्हारी चाह

एक ग़रीब की भूख जैसी है
तुम्हारी चाह
जी-तोड़ कोशिशें दिन-रात
फिर भी
विद्युतवती है
चेतना ध्रुवों में।

शाम

आज शाम को
जब मेरी निगाहें
सफेल लोहे के पीछे से झाँकते
एक जोड़ी साँवले पाँवों पर
अटक गई थीं
नीले आसमान पर तब
लाल स्याही से लिखे
कुछ अक्षर उभर आए थे
ऐसा बताया दोस्तों ने।

तितलियाँ

अच्छी नहीं लगतीं
तितलियाँ
जो रंग देखती हैं
गन्ध नहीं

अच्छी नहीं लगती
कालिख
भाग्य
दग़ा

न ही अच्छी लगती है
लेन-देन
शब्दों की
घर
बिना छत के

पर
तुम
अच्छे लगते हो।

ढाई आखर

ढाई आखर प्रेम के
खींचते हैं
हर साँस
कसकती है
एक बन्द ख़ामोशी
गली में
गया कई बार मैं
उम्र-सा ढलता
सुनने संगीत बन्द गली का
पर एक बार घूम जाने पर
कुछ नहीं बोलती है
गली
केवल दीखते हैं
एक जोड़ी आँखों के आर-पार
पारदर्शी किरण-पुँज
आगवानी में लग जाता है
एक श्वेत श्याम विश्वास
क़दमों से
अँधेरों के सिर थामे
हाथों से छनकर
कानों तक पहुँचती है
एक घड़ी की मद्धिम टिक-टिक

क़दमों से लगे
फँदे
सुनहली गाँठें बनकर
तैरते हैं
मन के आसपास
गली के दोनों ओर से
झाँकती हैं
कुछ अपूर्ण आँखें
मेरे हाथों की ओर
मैं देखता हूँ
अपनी हथेलियों में उग आईं
आँखें
अपलक झाँकते
कई हाथ
मैं जीता हूँ
भय
सोचकर आँखें गली में
अन्दर गूँजते हैं
शब्द
होंठों से बाहर सहमते हैं
अपरिचित आँखों के सामने
उतर आते हैं
कन्धों तक
शब्द
अतीत बन जाते हैं
आँखें ढूँढ़ती हैं गली में
पद चिह्न
अतीत के आवाजाही के
सहसा बन्द हो जाती है
गली

बज उठता है सारा
अतीत संगीत
लयबद्ध आती पदचापें
एक फ़र्क़ काढ़ती हैं
भर–भर लौटती पदचापों से
मैं समझ पाता हूँ
आती पदचापों से लौटती पदचापों के संगीत का
फ़र्क़
प्रेम करने और सँभलने का फ़र्क़ है।

चला गया वो

वो चला गया
फिर
साँझ तक
रात हो आई
आँगन में
जंगली अन्धकार है
ड्योढ़ी-दर-ड्योढ़ी
नागफनी घिर आई
लुक गई गन्ध
बेला की
रस्ते में
वो आएगा
सपनों संग।

उसकी आँखें

उसकी आँखें
गुलाबी क्यारियाँ
साथ चलने को कहतीं
राह चलते
गुलाबों के संग
कुरेदी मिट्टी
पैरों तले
मैंने
तलाशी ज़मीन
आँखों की
उघरती गई
सुगन्धित मंजूषाएँ
परती प्रयासों को
घेर लिया

गुलाबी छुअन ने
मैं रोमांचित हुआ।

वृत्त

हमने
जो वृत्त बनाया था
वर्षों नापकर दूरियाँ
वह वृत्त
अब दो गणितीय अर्द्धांशों में
बँट गया है
ऐसे कि
दोनों एक दूसरे से बड़े
प्रतीत होते हैं
क्यों!
यह सच है न
चला तो मैं ही था
तुम तो
खड़े ही रहे
केन्द्र बनकर।

तुम

आज बरसात और मेरे बीच
तुम आ गईं
भा गईं
यूकेलिप्टस की गोरी देह पर
सिहर कर
पसर गईं
बूँदें
नहीं जान पाया
किस जड़ की ओर गईं
कहाँ से टपकीं
तुम्हारी स्मित हँसी जैसी
मेरे बिलकुल पास
आ गईं
बूँदें।

बूँद

तुम रहते हो तो
दो बूँद नमी ले आती है
हवा

तुम रहते हो तो
आम की महक से सराबोर हो जाती है
दिशा

तुम रहते हो तो
जीवन के पास रहती है
दया।

मुलाक़ात

जब हम मिलते हैं
तो उभर आता है
अक्सर
एक कीड़ा
गोल नरम दूधिया
हमारे बीच
जब हम मिलते हैं
अक्सर
तो मुलाक़ातों को घेर लेते हैं
कीड़ों के जंगल।

पवित्र आह्वान

दो शंख हैं
तुम्हारी आँखें
निकलकर जिनसे
एक पवित्र आह्वान
मेरे अन्तस् की रक्तसारता को
धवल बना देता है।

साथ

हमेशा साथ होते हो
तुम
जैसे गरमी धूप में
बातें क़िताबों में

सदा साथ होती है
गन्ध
तुम्हारी आँखों की
ज्यूँ फागुनी बयार
गदराई गेहूँ की बालियों में
नमी ओस में

कुछ चाहती है
चौंकाती है
तेरी याद
जैसे किसी कमसिन का कुँवारा घूँघट
और
पगडंडी पर साँप।

साँसें

तुमको
तुम्हारी बातों को
हमने
हमारी बातों ने
समझ लिया

तुमको
तुम्हारी साँसों को
हमने
हमारी साँसों ने
महक लिया तुमने।

कस्तूरी कुंड

बदल जाता है
सब कुछ
तुमसे मिलते ही
सपनों के अर्थ बदल जाते हैं
लोग कुछ व्यर्थ बदल जाते हैं
बदल जाता है सावनी फुहारों का रंग
टीस भर देता है बादल का संग
और बदल ही तो जाता है
खोने का ढंग
तुमसे मिलते ही
नहा आती है
हवा
कस्तूरी कुंड से
ओढ़ लेता है
आसमान
स्वर्ण जड़ित चादर
हम गुज़रते हैं
इन गलियारों से
राजा
राजकुमार
विजेता की तरह
तुमसे मिलते ही

कहीं बुलाती हैं
दिशाएँ
क्या गाता है
क्षितिज
दुलराती हैं
सुगन्धित अनुभूतियाँ
बजती है बाँसुरी
रात भर
तुमसे मिलते ही।

रात

रात की ठंडी गहराइयों में
ज़ुकाम सी
पसरी होती है
तुम्हारी याद
साँसों के रास्ते में
बाँसुरी पर फिरती
नरम उँगली पोरों-सी
न जाने कितने सुर
देती है
तुम्हारी याद
साँसों को रास्ते में।

यादों की क़िताब

काश!
खो जाती
तुम्हारी यादों की क़िताब
इस छोटे से घर में
हरदम
चलते रहते हैं
तुम्हारे पाँव
फड़फड़ाते पन्नों पर।

हँसी–1

रातभर नुचते रहे
नाख़ून
सुबह
तारकोल से सने नाख़ूनों पर
उभर आई हँसी
गाल से गाल तक।

हँसी–2

हँसी चटक उठती है
कई निश्चेष्ट सिटकनियाँ
खुल उठती हैं
एक साथ
चुपचाप बजती हैं
चूड़ियाँ
बर्तनों की तरह।

हँसी–3

बिजली चली गई
मैं परेशान बाहर भागा
सड़क पर
बिजली के खम्भों से
झाँक रही थीं
तुम्हारी आँखें
बल्बों की जगह
मेरी हँसी
लटक गई।

पराग कण

घर गया
जिन जंगलों में
वो जंगल मेरे अपने थे

चीर न सकी
जो चीख़
अँधेरों को
मेरी थी

फैल गए जिस पर
तितलियों के पंखों से झड़े
पराग कण
वो कैनवास
मेरा अपना था

पर चूमता रहा
दिन-रात
जिस दहशत को
मैं
बार-बार
वो किसकी थी ?
वो किसकी थी ?

चौराहा

क्योंकि एक सड़क गुज़रती है
चौराहे की ओर
तुम्हारे घर के साथ
क्योंकि सूरज की ओर है
तुम्हारा घर

तुम्हारे घर के साथ चलती है
एक भीड़
क्योंकि रोज़ आता है
सूरज
तुम्हारे घर

मैं भी हो लेता हूँ
भीड़ में
एक प्रश्न भँवर होती हैं
भीड़
क्योंकि भँवरविहीन होते हैं
उत्तर

एक ऋजु-प्रश्न-लहर हूँ
मैं
अनुत्तरित
तुम्हारे लिए।

बीत गई रात

बीत गई
रात
रात भर जंगल में
झूमती रहीं बालियाँ धान की
गोश्त की सड़कों पर
कस्साव
उतरते रहे घाटियों में हम
साथ
मचलता रहा
ढलानों पर
बच्चों का हुजूम
एक सिक्के के लिए
भागता रहा एक पहिया साइकिल का
पंखों के साथ
लड़ता रहा कोई
एक अदना साँस के लिए
ढूँढ़ते रहे हम
एक अदद साँस
रात भर।

बातें

मैं तुमस बातें करता हूँ
तो
बातों से नहीं
बातों की बात करता हूँ

बातें तुमसे नहीं होतीं
पर
बातों में तुम होते हो
नहीं
तुममें बातें होती हैं

बातें
केवल बातें
पर
किसमें
किससे ?
मैं
सीमा ही न होता हूँ।

सुबह की धूप

सुबह की धूप के सामने
हवा के साथ
साबुन के एकदम गोल बुलबुलों की तरह
उड़े थे
हम
धूप ने सारे रंग
इन्द्रधनुषी
न्योछावर कर दिये थे
चमक उठे थे
हम
बुलबुलों के साथ घूमती
हमारी आँखें
नीले आकाश में
ओझल हो गईं
धूप के सामने ही।

मुझे तो

मुझे तो उलझा लेती है
एक ओस बूँद
सुबह ही
दिन ढले तक
उलझी रहती हैं गुत्थियाँ
दिन भर
आँखों में झलकती है
वह बूँद पारदर्शी
ओस कुछ प्रतिबिम्बित करती है
कल सुबह ही देख सकूँगा!
पर यह दिन क्यों चढ़ उठता है?
वह बूँद ओस
टपकने से पहले
थोड़ी देर और ठहरती
तो शायद
मैं समझ पाता
वह आकर्षण
जो खींचता है अनवरत
पर झलकता नहीं
ओस का वह रहस्य
मैं जानता हूँ
एक पारदर्शी इन्तज़ार है

जो कल फिर दिन चढ़ते ही
उड़ जाएगा
शायद।

मिलन

धूल
थोड़ी बिखरी
थोड़ी भटकी

टहनियाँ
थोड़ी गीली
थोड़ी टेढ़ी

हवाएँ
थोड़ी मित्रवत्

माहौल है
अपने मिलन का।

आँगन धूप

आँगन में अनिच्छुक धूप
झाँकती है
भाग जाती है
दूर मैदानों की ओर
चने के रोयेंदार डंठल-सी नर्म
धूप
सो गई है
सरसों की पीत शैया पर
पीला किया
किसने?
किसको?
सोने के भाव है
हल्दी
मन की कोमल बात सी मुलायम
नन्ही पत्तियाँ
निकल पड़ी हैं
खेतों में
बथुओं से मनुहार करती
लड़की
घिर गई सुनहली आशंका से
सर्दियाँ आ गईं
सर्दियाँ आ गईं।

बरसात-1

बरसात
किसी उच्चतर का
मन के भीतर
एक तरल अहसास है

बरसात
धरती के दहकते
हवन कुंड में
बादलों के मन्त्रोच्चार के साथ
एक सरल आहुति है

बरसात
रात में
अनवरत जागरण का आह्वान है
संकेत है
कहीं चल पड़ने को।

बरसात–2

बरसात
पकड़ लेती है
रोक लेती है
भिगोकर
आसपास
बता देती है
वह
आ गई
बिना टेलीफ़ोन किये।

उदास रात

आज रात उदास रही क्यूँ
कोई लगन-सी बात नहीं क्यूँ

डरते रहे ख़ुद ही अँधियारे
एक अपरिचित प्यास रही क्यूँ

चंदा तारे झींगुर जुगनू
सब-के-सब थे पास नहीं क्यूँ

मन तो दूर सफ़र में खोया
पर अपने थे हाथ नहीं क्यूँ

ना कुछ खोया ना कुछ पाया
फिर अपनी औकात रही क्यूँ

मैं तो विरह की जात ना मानूँ
तेरी-मेरी बात हुई क्यूँ।

प्रिय तेरा संग

अबके पलाशों में आग लगेगी
सजनी बिना तुम्हरे कैसे बुझेगी

जीवन की आशाएँ जैसे भुजंग
शीतलता चन्दन की प्रिय तेरा संग

तुझे ढूँढ़ता मैं

मैं तुझे ढूँढ़ता इस शहर में चला आया
ज्यों तेरी याद ने तेरा पता है बतलाया

तुम मिले शहर मिला और मिली बेचैनी
बस तेरे साथ जो नमी थी वो नहीं पाया

क्यूँ तेरे शहर के घेरे हुए पागलख़ाने
शाम हर शख़्स को उस ओर ही जाते पाया

हैं बहुत चौड़ी तेरे शहर की गलियाँ सड़कें
पर मुझे राह बनाना ही क्यूँ नहीं आया

क्यूँ तेरे शहर ने एक बार नहीं आह भरी
रात वो शख़्स जो ख़ामोश था जब चिल्लाया

ढूँढ़ ही लेंगे तेरे शहर के वो तहख़ाने
हैं जहाँ क़ैद तेरी ओस और तेरी छाया।

बैरी ज़माना

कोरी चुनरिया मारे क्यूँ ताना
पागल हुआ है बैरी ज़माना
कसती ही जाती है मादक उमंग
कितनी धुली है जीवन में भंग
आओ सुघर करें अब अंग अंग
चटकीले हों जाएँ होली के रंग।

अटक गई नींद

आँखों में अटक गई नींद
सपनों में कौन आ गया
पनघट पर जल गए दीप
सपनों में कौन आ गया

नवरंगी धरती का सतरंगी आँचल है
हंसों के पैरों में रुनझुन-सी छागल है
जोगन के होंठों पर गीत
सपनों में कौन आ गया

धानों के खेतों में पगडंडी घायल है
झुकी-झुकी बाली पर पुरवाई पागल है
नई-नई लगती है प्रीत
सपनों में कौन आ गया

आधी है धरती आधा आकाश है
कोयल के बोलों में आधी ही प्यास है
हर कोई लागे है मीत
सपनों में कौन आ गया

पतली नदी का चकमक-सा रूप है
चंचल किनारों पर सुबह की धूप है
लहरों में उलझ गई जीत
सपनों में कौन आ गया।

याद

हम तुम्हें याद किया करते हैं सवालों में
जिन सवालों ने सदा रास्ते बताए हैं
वैसे तो याद है हर चेहरा जो ख़ूबसूरत है
फिर भी हर कोई कहाँ अपने काम आए हैं

वो तेरे साथ हैं मालूम न था मुझको इधर
वरना क्या है वो अपने हैं या पराये हैं
डूबती शाम उघरती सुबह में तलाशता रहा
सुबह के भूले नहीं शाम तक घर आए हैं

प्यार का नाम तो लेते हैं अब अँधेरे भी
यार हम जब से चाँद पर हो आए हैं
चाँदनी रात भर खोदी हैं खाइयाँ हमने
सुबह हुई तो कुछ हथियार घर ले आए हैं।

अनुबन्ध

न कोई सीमा न कोई अनुबन्ध
प्रिय कितने अच्छे हैं मूल सम्बन्ध

नयनों का नयनों से मिलते चले जाना
सपनीले रंगों का धुलना और बस जाना
प्रिय तेरा आँचल और तेरा अनुसंग

मनवाँ की मनवाँ से बातें जो होती हैं
मादक कोमलता की सीमाएँ खोती हैं
बन्ध के न रह जाए जीवन के रंग

सजनी का शरमाना और फिर घबरा जाना
बासन्ती सपनों का खिलना और सज जाना
मर्यादा तोड़े न निष्ठुर उमंग

प्रिय अपनी सीमाएँ गहरी हैं लम्बी हैं
सम्बन्धों की सीमा उथली है ठहरी है
बेढब और बेबस हैं जीवन के ढंग

प्रिय जब ये बोलेंगे परिभाषा तोलेंगे
शब्दों से जीवन के नाते टटोलेंगे
बिखर-बिखर जाएँगे होंगे निस्संग।

कहना

ऐसा क्या कहना, कि सारी ख़त्म हो गई बात
मैं चल बैठा तुम जल बैठे जीवन भर का साथ

गलियों ने मुड़ना छोड़ा छज्जों ने छोड़ी ठिठोली,
ड्योढ़ी ने बैठे-बैठी ही छोड़ी पान गिलौरी।

तेरे दिन थे रात थी मेरी तेरी मेरी शाम,
सुबह-सुबह ही धूप भटक गई कमलों को इल्जाम।

दीवाली के दीप जले पर आसमान अँधियारा,
होली के रंगों ने मन को बना दिया बंजारा।

सोना तपा हुआ कुन्दन कुन्दन तप हुआ अनाम,
सारे दिन की याद में तपकर शाम हुई बदनाम।

बेल की गन्ध

हवा में महके बेल की गन्ध
तुम्हारा प्यार हो हम हों
जहाँ होवे न होवे
रेशमी ज्योत अँखियन में
कभी खोवे न खोवे
मैं झूल जाऊँ घटा के संग।

जहाँ का प्यार हो मुझमें
मैं सड़कों पर लुटाऊँ
जहाँ भी दर्द हो उसको
कभी मैं बाँट पाऊँ
मैं दौड़ जाऊँ लहू के संग।

सपनों की आग

सपनों में आग ली
बात नहीं तेरी कहीं
आज पुरवाई बही
बात नहीं तेरी कहीं।

केसर के खेत बिके
रंग बिके अंग बिके
लहरें रुक-रुक के बिकीं
बात नहीं तेरी कहीं।

मंजिल की हाट बिकी
राह बिकी बाट बिकी
रात प्रहरों में बिकी
बात नहीं तेरी क़हीं।

पुरईन के पात बिके
साँस बिकी आह बिकी
गाँव सस्ते में बिके
बात नहीं तेरी कहीं।

सपनों में आग लगी
बात नहीं तेरी कहीं
आज पुरवाई बही
बात नहीं तेरी कहीं।

तोरी अँखियाँ

गोरी तोरी अँखियाँ बा मातल हो—बसन्त आई गइले
अमवा में बौर आइल महुआ कोचाइल
मस्त कोइलरिया बा फुलवा फुलाइल

काँहें कमरिया बाटे पातर हो—बसन्त...

मस्ती में चरमरमराये बँसवरिया
अमवा आशीष देवे महुआ दे गरिया
केकर जियरवा जाई धातल हो—बसन्त...

सँसिया महक जाए होंठवा झुराइल
रतिया न नींद आवे जियरा कोहाइल
कहवाँ नजरिया बाटे लागल हो—बसन्त...

फगुवा ले रंग आईल देवरा बऊराइल
पिऊ परदेश गइले पतियो न आइल
अँसुवन के धार बाटो चाकर हो—बसन्त...

गोरी तोरी अँखिया बा मातल हो बसन्त...।

छुड़ावो न बहियाँ

गोरी हमसे छुड़ावो न बहियाँ
बिखर जाइ मनियाँ मोरे आस की
लोग जमाना के करिहें बुराई
बनिहें बिगड़ि जइहें सगरो खुदाई
हमसे बनावा ना बतियाँ—गोरी...

मनवा के सीपी में मुखड़ा जड़ेला
तब कहिं आस के मोती बनेला
काहे का दोष देइ दुनिया—गोरी...

आस की माला गोरी हमने बनाई
तोहरे ही कारण जो टुट नुच जाई
खाई लइहों कवनों कसमियाँ—गोरी...

हमसे ना चउर करो ना चतुराई
का बा इरादा तोहरा द बतलाई
काहे करेलू बेइमनियाँ—गोरी...

दुनिया क का लइलू बदल ही जाई
आस झुराई त पुनुगे न पाई
काहें बिगाड़ेंलू सनियाँ—गोरी...गोरी...
बिखर जाई...।

घर लगता है ऐसे

ऐसे घर लगता है तुम बिन
जैसे धूप बिना हो दिन
जैसे नदी हो नाव बिना
जैसे रात बिना जुगनू
जैसे नील गगन पंछी बिन
जैसे कोई हो गुमसुम
जैसे गाँव बिना गैया के
जैसे बरस सौ हों पलछिन
ऐसे घर लगता है तुम बिन
जैसे गीत बिना हो धुन॥

ख़फ़ा हूँ

अपनी हर बात से अक्सर ख़फ़ा रहता हूँ
ये न सोचो मैं तुमसे ख़फ़ा रहता हूँ
जो तेरी याद से लिपटे रहते
ऐसे बेकार ख़यालों से ख़फ़ा रहता हूँ
कम करें जुल्फ़ की सियाही जो
ऐसे नादान उजालों से ख़फ़ा रहता हूँ
तेरी हर बात का मतलब पूँछें
ऐसे अनजान सवालों से ख़फ़ा रहता हूँ
सरे बाज़ार जो ख़रीदें सच
ऐसे बदनाम लिवालों से ख़फ़ा रहता हूँ।

सपन सलोना

सपन सलोना याद नहीं पर याद रहा कि तुम आए थे
कदली के अधखुले पात से नयनों में तुम लहराए थे।
कुछ टूटा कुछ रूठा जग में सब कुछ नहीं पराया छूटा
सम्बन्धों के मकर तिमिर में किरण-पुंज से उग आए थे।
घनी निशा के ठंड लहर-सी मन में कोई बात उठी थी
रत्नजड़ित आकाश फ़लक पर नृत्य युग्म से उतराए थे।
कैसा है विश्वास तुम्हारा हिल जाता जो लहर-लहर में
अँधियारों से घिरी डगर पर पथचिह्नों से बन आए थे।
किससे मैं पूछूँ क्या जीना है क्यूँ जीना कैसे जीना है
धर्म-ध्वजा गुंफित देवालय आपस में ही टकराए थे।

नया चाँद

आओ चलो बैठें चुपचाप नया चाँद है
मद्धम-मद्धम है रक्तताप नया चाँद है
प्रीति का निमंत्रण है रीति का तकाज़ा है
पुरवा हवाओं ने एक समाँ बाँधा है
आज नहीं होगा उपहास नया चाँद है
अनगिन आमंत्रण है अनगिन उजहास है
साँवले सलोने की अनबुझ-सी प्यास है
आज यहीं होगा महारास नया चाँद है
धरती-आकाश का अनुपम ही जोड़ा है
आज घनी रात ने श्याम स्वर्ण ओढ़ा है
धीमी है वक़्त की पदचाप नया चाँद है
मधुरस है मधुबन है आज नया जीवन है
मीठी-सी बातों में थोड़ी-सी अनबन है
कितना सहेंगे अभी ताप नया चाँद है।

जीता हूँ

घास की आस लिये जीता हूँ
धूप की प्यास लिये जीता हूँ
रेत बहती है साँसों में मेरी
शुष्क एहसास लिये जीता हूँ।

लड़की

लड़की
यूँ हँसती है
जैसे बादल बरसने वाले हों
अभी-अभी।
लड़की
यूँ गाती है
जैसे कोयल ने पढ़ा हो उपनिषद्
अभी-अभी।

लड़की
यूँ चलती है
जैसे हिरन आया हो गली में
अभी-अभी।

लड़की
यूँ जीती है
जैसे धरती के दुःखों के लिए जन्मा हो ईशा
अभी-अभी...।

याद तुम्हारी आई

याद तुम्हारी आई ऐसे जैसे हवा बिन पाँव,
एक नेह की डोर थामकर घूमा सारा गाँव।
बात हमारी कथरी-तथरी भाव बिना सिर पाँव,
किसके संग रहूँ मैं तुम बिन कोई ठौर न ठाँव।
तुम थे मैं था और हवा थी थकी नहीं थी शाम,
चलने की थी घर तैयारी बाक़ी थे कुछ काम।
जग सूना मन सूना तुम बिन सूना गाँव-गिराँव,
मन्दिर पीपल सब सूने-से सून गली ही जाँव।

रात

पूरा जागी रात
आज
दीये की लौ ने बढ़ा दी रात
आज।

सुनो

सुनो!
अच्छी नहीं आवारगी
मौसम से
कभी
सूनी सड़क।
खुली छत
ख़ाली पगडंडी पर
अकेले ही घेर लेगी।
बरखा देर तक
तो मत कहना
बदचलन बरसा।

रात भारी है

रात भारी है अभी पलकों पर
सुबह सोएगी अभी देर तलक़
दिन चढ़े मुझको जगा देना ज़रूर
स्वप्न बाक़ी बचे हैं दिन भर के।

धूप

धूप
एक हिस्सा
पीली गुनगुनी
तुम्हारे चेहरे पर
दिसम्बर की सुबह
मुझसे लिपटी है
मुलायम रोयेंदार ऊन की तरह
तुम्हारे चेहरे की धूप
पीली गुनगुनी
एक एहसास है
पीला गुनगुना
दिसम्बर की सुबह।

जिनके बिना

जिनके बिना रातों को नींद नहीं आती
उनके सपनों में कोई और है मालूम न था।

कई दिनों से

ऐसा क्यों लग रहा है
कई दिनों से
कोई ख़ुशी छूकर
मेरे मन की देहरी
छुप जाती है।

ऐसा क्यों लग रहा है
कई दिनों से
कोई ठंडी हवा का हिस्सा
मुझे सहलाते-सहलाते
खो जाता है।

ऐसा क्यों लग रहा है
कई दिनों से
जैसे तुम्हारी याद,
आने वाली हो!

आँगन

मैंने ख़ुद ही उलीच दी
अपने आँगन की
भाव-स्थिर स्मृति बावली
अब तो कुम्हला ही जाएँगे
तुम्हारे मुखाकृति कमल।

मैंने ख़ुद ही बन्द की
अपने मन की
भाव-शून्य स्मृति वीथिका
अब तो धुँधला ही जाएँगे
तुम्हारे रेखाचित्र।

तुमसे मिलते ही

तुमसे मिलते ही
ऐसा क्यों लगता है
जैसे सीखना हो
कुछ नया?

तुमसे मिलते ही
ऐसा क्यों लगता है
जैसे बादलों के फ़ाहे
एक नरम बिस्तर हों
और मुझे लेनी हो
एक पूरी नींद?

तुमसे मिलते ही
ऐसा क्यों लगता है
जैसे पहली बारिश को छूकर
लौटने वाली हो हवा?

तुमसे मिलते ही
ऐसा क्यों लगता है
जैसे सपनों में ही सही
होने वाला हो
कुछ अपरिचित?

तुमसे मिलते ही
ऐसा लगता है
जैसे तारे कुछ क़रीब आकर
चमकने लगे हों!

तुमसे मिलते ही
ऐसा लगता है
जैसे जीत मिलने वाली हो
एक लम्बी लड़ाई को!

तुमसे मिलते ही
तुमसे मिलते ही।

जाने कितनी बार

जाने कितनी बार
ठंडी हवा
छू गई मुझे
मैं अनजान रहा।

जाने कितनी बार
तुम्हारे चेहरे पर आया
स्नेहिल भाव
मैंने देखा ही नहीं।

जाने कितनी बार कही
तुमने अपनी बात
मैंने सुना ही नहीं

जाने कितनी बार जगाया
सूरज की पहली किरण ने
मैं सोता ही रहा
जाने कितनी बार!

रातें

रातें
छोटी होती गईं
अँधरा बढ़ता गया
आवाज़ें
ऊँची होती गईं
बहरापन बढ़ता गया।

पत्ते

पत्ते
रिश्ते में है
हवा से
बन्धन कोई नहीं।
मैं
तुम्हें याद आता रहूँ
मिलना ज़रूरी नहीं।

याद की बारिश

किसी याद की बारिश से
सराबोर
वैसा मन
ज़िन्दगी की सारी कमियाँ
जैसे घनीभूत हो गई हों
कहीं एक ही जगह
वैसा पल।

सपनों में

मेरे सपनों में
आती है
सतरंगी खटोले पर बैठी
परी
हज़ारों रंग भर जाती है
सपनों में
कभी-कभी
जगाकर
चलने को कहती है
हवाओं के पंख लग जाते हैं
मेरे सपने ही
उड़नखटोला बन जाते हैं।
मेरा होना न होना
सब खो जाता है
केवल रंग ही रह जाते हैं
मैं रंग हो जाता हूँ
सपनों में।

काश!

काश!
मैं जमा कर पाता
तुम्हारे हिस्से का प्रेम
किसी बैंक में।
काश!
कोई वसीयत होती
प्रेम की!

काश!
मैं दान दे पाता
अभुक्त प्रेम।

काश!
प्रेम को जीने की
कोई योजना होती।

बरसाती पानी

प्रेम
बरसाती पानी की तरह
बह जाएगा
उड़ जाएगा
अनजाने
अनचाहे गंतव्यों की ओर
प्रेम
सँजोने
जमा करने
दान देने की वस्तु नहीं
प्रेम को जीना होता है
अभी
इसी क्षण...।

मुझमें हो तुम

कहीं मुझमें ही तो तुम
शारदीय नदी के जल में
उगते सूरज की तरह
क़िताबों के पन्नों में
छिपी सार्थक बातों की तरह
कहीं मुझमें ही हो तुम।
सूने कैनवस पर
उभरने वाले रंगों की तरह
कहीं मुझमें ही हो तुम।

आधी बातें

तुम्हीं ने रखी होंगी
आधी यादें
आधा स्नेह
आधी रातें
आधी सुबह
आधी बातें
और
पूरी ज़िन्दगी।

वह लड़की

खोई नहीं है
वह लड़की
जो मिली थी सपनों में
अक्सर मिल जाती है
फूलों पर मँडराती
शहद की मक्खियों में
आसमान में उड़ते
प्रवासी पंक्षियों के झुंड में
वह अक्सर मिल जाती है
खेतों में काम पर जाती
स्त्रियों के समूह गान में
वह अक्सर मिल जाती है
खोई नहीं है
वह लड़की
जो मिली थी सपनों में।